Ich dachte, du bist mein Freund

Aygen-Sibel Çelik

Ernst Klett Sprachen
Stuttgart

1. Auflage 1 5 4 3 2 1 | 2024 23 22 21 20

www.klett-sprachen.de

Autorin: Aygen-Sibel Çelik

Redaktion: Benjamin Linhart
Konzeption: Benjamin Linhart
Layoutkonzeption: Sabine Kaufmann
Illustrationen: Grit Döhnel
Gestaltung und Satz: DOPPELPUNKT, Stuttgart
Umschlaggestaltung: Sabine Kaufmann
Druck und Bindung: AZ Druck und Datentechnik GmbH, Kempten

Printed in Germany

ISBN 978-3-12-674033-3

Inhalt

Auf dem Schulhof

das Tor
das Handy
der Fußball

Ich heiße: Marco
So alt bin ich: 10
Das mag ich: Monster besiegen
So sehe ich aus:
Wellige, hellbraune Haare und blaues T-Shirt mit einem gelben Monster

Ich heiße: Batu
So alt bin ich: 10
Das mag ich: Fußball spielen
So sehe ich aus:
Kurze, schwarze Haare und türkisfarbenes Trikot

Perspektive 1
Marco

Ganz allein

Kai: Hey, Batu!
Komm mit, lass uns Fußball spielen!

Batu guckt zu Kai, dann zu Marco.

Marco denkt:
Hoffentlich geht Batu nicht!
Er ist doch mein Freund.
Mein einziger Freund.
Kai hat so viele andere Freunde.

Aber Batu geht zu Kai.
Er und die anderen spielen zusammen.
Marco ist jetzt ganz allein.
Der Pausenhof ist voll.
Alle Kinder spielen irgendetwas.
Nur Marco guckt auf den Boden.
Warum darf er nicht mitspielen?

Marco geht in die Klasse
und setzt sich auf seinen Stuhl.
Er will hier alleine warten
bis die Pause zu Ende ist.
Am liebsten würde er jetzt
sein Handy-Spiel spielen
und gegen alle Monster kämpfen.
Aber in der Schule sind Handys
verboten.

Du bist nicht mehr mein Freund

Als die Schule aus ist,
gehen alle nach Hause.
Batu kommt zu Marco.

Batu: Warte mal!

Marco wartet nicht.
Er ist sauer auf Batu.

Batu: Was ist los?

Marco antwortet nicht.

Batu: Hey, Marco!

Marco geht schneller.

Batu: Bleib doch mal stehen!

Marco bleibt stehen.
Er guckt Batu in die Augen.

Marco: Du bist nicht mehr mein Freund!
Batu: Was? Warum?
Marco: Darum!

Marco rennt weg.
Hinten an der Ampel bleibt er stehen.
Er dreht sich um.
Jetzt ist Batu ganz allein.

Batu tut Marco leid.
Er will zurückgehen.
Aber dann denkt er an die Pause heute.
Und an Kai.
Batu hat ihn heute auch allein gelassen und mit Kai gespielt.
Obwohl Batu ganz genau weiß,
dass Kai ihn immer ärgert.
Marco geht nach Hause.

Keine Freude an nichts

Zuhause riecht es lecker.
Marcos Mutter hat Pommes gemacht.
Das ist Marcos Lieblingsessen.
Aber heute freut er sich nicht.

Marcos Mutter: Was ist los?
Marco: Nichts!
Marcos Mutter: Bist du traurig?
Marco: Nein!

Aber das stimmt nicht.
Marco ist sehr traurig.
Er muss immer wieder an Batu denken.
Und an Kai.

Kai ist gemein.
Er lacht Marco immer aus.
Und alle machen mit: Milo, Nils, Tom …
Und alle anderen auch.
Nur Batu nicht.

Aber heute hat Batu ihn allein gelassen.
Marco will an etwas anderes denken.
Er startet sein Handy-Spiel.

So viele Gedanken

Marco weiß nicht,
wie lange er schon gespielt hat.
Jetzt kann er seine
Rechenaufgaben nicht lösen.
Weil er einfach
nicht nachdenken kann.

Marcos Mutter: Bist du
immer noch nicht
mit den Hausaufgaben
fertig?
Dein Vater
kommt bald.
Nach dem Abendessen
musst du ins Bett.
Marco: Ja, gleich!

Marco muss immer wieder
auf den Text
in seinem Heft schauen.

Kai hat heute alle
zu seinem Geburtstag
am Samstag eingeladen.
Dann hat er alles
an die Tafel geschrieben:
Die Uhrzeit und auch seine Adresse.

Marco denkt:
Ja, alle sind eingeladen,
aber bestimmt nicht ich.

Alle aus der Klasse haben sich gefreut.
Auch Batu.
Das hat Marco noch trauriger gemacht.

Batu ist jetzt bestimmt für immer
nicht mehr sein Freund.
Vielleicht fängt er morgen auch an
ihn zu ärgern?
Genau wie Kai und die anderen.

Marco hat eine schlimme Nacht.
Er kann nicht schlafen.
Er muss immer an morgen denken.
Bestimmt wird er wieder alleine sein.
Die ganze Zeit.

Dann schläft er doch ein. Er träumt von Monstern. Ganz vielen Monstern. Die Monster lachen Marco aus. Und sie kämpfen gegen Marco. Marco ist ganz allein.

Wenn sie wüssten

Marcos Vater: Guten Morgen, Marco!
Beeil dich,
du kommst sonst zu
spät!

Aber Marco will nicht aufstehen.
Er will heute nicht in die Schule gehen.

Marcos Mutter: Bist du krank?

Aber Marco ist nicht krank.
Er hat kein Bauchweh,
er hat kein Kopfweh, kein Fieber
und er ist auch nicht erkältet.

Marcos Vater: Dann musst du
zur Schule gehen,
Marco!
Marcos Mutter: Tut uns leid!

Marcos Eltern sind sich einig.
Sie wissen nicht,
dass man sich ganz schlimm krank fühlt,
wenn man allein ist.

Das ist so gemein

Marcos Vater fährt ihn zur Schule.
Da hinten am Eingang
kann Marco Batu sehen.
Er hat es doch gewusst!
Batu steht bei Kai und seinen Freunden.
Sie reden und lachen.
Marco kann nicht mit Batu sprechen.
Weil Kai Batu eine Tauschkarte zeigt.
Batu findet die Karte toll.
Er hat Marco wieder vergessen.

Eigentlich gehen Marco und Batu
immer zusammen in die Klasse.
Heute geht Marco alleine
in den Unterricht.
Marco legt seine Tasche auf Batus Stuhl.

Marco denkt:
Er will sich bestimmt nicht
neben mich setzen.

Als Batu mit Kai
in den Klassenraum kommt,
guckt er zu Marco.
Dann geht Batu zu Kai
und setzt sich zu ihm
an den Gruppentisch.

Marco ist beleidigt.
Und er fühlt sich einsam.
Ganz tief in seinem Bauch fühlt er das.

Jetzt lacht Kai auch noch
und redet mit Milo über Marco.
Milo ist der beste Freund von Kai.

Der Lehrer kommt herein.
Sie haben Deutsch.
Marco kann nicht zuhören.
Er guckt auf den Platz neben sich.
Er legt den Kopf auf den Tisch.
Er muss weinen.
Allein zu sein ist ganz schlimm.

Kapitel 6

Milo: Guck mal, der Marco weint.
Nils: Wie ein Mädchen!
Kai: Heulsuse!

Marco denkt:
Das ist bestimmt Kai.
Auf einmal lachen alle.

Lehrer: Marco, was ist los mit dir?

Marco kann nicht reden.
So sehr muss er weinen.
Plötzlich steht jemand neben ihm.
Es ist Batu.

Batu: Darf ich mal mit Marco rausgehen?

Der Lehrer nickt.

Batu zieht Marco aus dem Klassenzimmer.

Batu: Was ist denn los mit dir?

Marco sagt nichts.
Batu gibt ihm ein Taschentuch.

Batu: Bist du immer noch nicht mehr mein Freund?
Marco: Kai ist doch jetzt dein Freund!

Batu: Na und?
Ich kann doch 2 oder 3 oder noch mehr Freunde haben! Du doch auch!

Marco kann Batu einfach nicht verstehen. Hat er vergessen, dass Kai Marco immer ärgert?

Batu: Wir können doch alle zusammen Freunde sein!
Marco: Mit Kai?
Siehst du nicht, wie gemein er zu mir ist?
Batu: Kai hat nichts gegen dich!

Marco kann nicht glauben, was er hört. Jetzt ist er richtig wütend. Wut kann man auch im Bauch fühlen, genauso wie Traurigkeit.

Marco: Du spinnst!
Batu: Ich beweise es dir! Lass uns morgen zusammen zu Kais Geburtstagsfeier gehen!
Marco: Nie im Leben!

Aber Batu will es unbedingt.

Batu: Ich hole dich morgen ab!

Marco will antworten, aber da guckt der Lehrer aus der Tür.

Lehrer: Alles wieder okay?

Marco nickt. Er und Batu gehen wieder ins Klassenzimmer.

Grübeln über morgen

Den ganzen Nachmittag und den ganzen Abend ist Marco wütend und traurig. Wie gestern. Aber heute ist er auch etwas neugierig. Er spielt sein Handy-Spiel und kämpft gegen die Monster.

Marco denkt immer an morgen:
Was hat Batu gesagt?
Kai hat nichts gegen dich!
Batu weiß doch,
wie gemein Kai immer ist.
Soll ich morgen wirklich mitgehen?
Hat Kai wirklich nichts gegen mich?

Ein Geschenk für Kai

Am nächsten Morgen
steht Marco ganz früh auf.
Obwohl es Samstag ist.

Batu hat gesagt,
dass er um 12 Uhr kommt.
Marco und Batu wollen dann
zusammen Geschenke für Kai kaufen.

Eigentlich möchte Marco
Kai gar nichts schenken.
Er möchte auch nicht
zu seinem Geburtstag gehen.

Marco ist so aufgeregt.
Und er hat Angst.
Er kann die Angst
in seinem Bauch fühlen.

Um 5 vor 12 klingelt es an der Tür. Es ist Batu mit seinem Vater. Sie fahren alle zusammen zum Buchladen. Batu kauft für Kai ein Buch über die Planeten. Marco kauft für Kai Tauschkarten über Dinosaurier.

Schön, dass du da bist

Vor der Tür von Kais Wohnung klopft Marcos Herz ganz schnell. Zum Glück ist Batu bei ihm. Die Tür öffnet Kais Mutter.

Kais Mutter: Hallo Kinder!
Kommt herein!

Es ist schon fast die ganze Klasse da. Marco kann Kai nicht sehen. Wo ist er nur?

Milo: Guck mal, wer da ist!

Milo zeigt auf Marco.

Tom: Was sucht der denn hier?
Nils: Die Heulsuse ist da!

Nils lacht Marco aus.

Marco und Batu gucken sich an.

Batu: Hört auf! Was soll das?

Milo schubst Marco zur Tür.

Milo: Geh nach Hause!

Marco stolpert.
Das Geschenk für Kai
fällt auf den Boden.
Jetzt lachen alle.

Batu: Hört auf!

Da kommt Kai.

Kai: Hallo, Batu!
Schön, dass du da bist!

Dann guckt Kai zu Marco.
Alle sind leise.
Alle gucken zu Kai.
Marco möchte nach Hause gehen.

Er hebt das Geschenk für Kai auf. Doch plötzlich streckt Kai seine Hand aus.

Kai: Hallo Marco! Schön, dass du gekommen bist!

Marco gibt Kai die Hand und dann das Geschenk.

Kai: Danke, Marco!

Batu lächelt.

Milo, Nils und Tom gucken doof.

Kai: Kommt,
ich zeige euch
meine Geschenke!

Marco ist ganz durcheinander.
Was ist passiert?
Marco weiß nicht, was er denken soll.
Aber die Angst in seinem Bauch ist weg.

Später spielen alle zusammen
auf dem Handy.
Marco ist der beste.
Er besiegt die meisten Monster.

Perspektive 2
Batu

Ganz allein

„Hey, Batu! Komm mit, lass uns Fußball spielen!“, ruft Kai.
Batu sieht zu Kai, dann zu Marco.
„Kai will mit mir spielen?“, denkt Batu.

Batu ist verwundert, weil Kai noch nie mit ihm gespielt hat. Aber das liegt nicht an Batu, sondern an Kai. Batu ist nämlich mit Marco befreundet und Kai und seine Freunde ärgern Marco immer. Batu findet das total gemein und er versucht immer Marco zu beschützen. Er ist nämlich der einzige Freund von Marco. Aber wenn er jetzt mitspielt, vielleicht lässt Kai dann ja auch Marco mitspielen.

Batu geht zu Kai und noch bevor er etwas sagen kann, schießt Kai ihm den Ball zu: „Wir brauchen noch einen Mann in unserer Mannschaft. Du kannst doch Fußball spielen?“

Batu schießt zurück und ehe er sich versieht, befindet er sich mitten im Spiel.

Natürlich kann Batu Fußball spielen. Er liebt es, Fußball zu spielen. Am liebsten würde er das in jeder Pause machen. Aber mit Marco allein ist es kein echtes Fußballspiel. Es macht viel mehr Spaß, wenn man mit zwei richtigen Mannschaften gegeneinander spielt.

Batus Blick fällt auf Marco. Er steht ganz allein herum. Das tut Batu leid. Aber er kann jetzt nicht einfach aufhören und seine Mannschaft im Stich lassen. Doch gleich, bei der nächsten Gelegenheit wird er Kai fragen, ob Marco mitspielen kann.

Der Ball rollt auf Batu zu und er schießt so fest er kann. Tor! Ob Marco seinen tollen Schuss gesehen hat? Als Batu zu Marco lugt, ist Marco verschwunden. Wo ist er nur hin? Batu hat auf einmal ein schlechtes Gewissen. Es setzt sich in seiner Magengrube fest. Jetzt braucht er Kai auch nicht mehr fragen, ob Marco mitspielen kann.

Als Batu nach der Pause ins Klassenzimmer kommt, sieht er, dass Marco die Pause hier ganz allein verbracht hat. Er hat noch nicht einmal heimlich sein Handy herausgeholt. Er sitzt da und schaut einfach nur vor sich hin. Batu setzt sich neben ihn, aber Marco dreht sich weg und spricht nicht mit ihm.

Du bist nicht mehr mein Freund

Als die Schule aus ist, versucht Batu auf dem Nachhauseweg mit Marco zu sprechen.

„Warte mal!“

Aber Marco wartet nicht.

„Was ist los?“, fragt Batu seinen Freund.

Marco antwortet nicht.

„Hey, Marco!“

Doch Marco reagiert nicht. Batu kann Marco verstehen. Aber wie soll er es Marco erklären, wenn er ihm keine Chance gibt? Jetzt geht Marco auch noch schneller. Batu hat Mühe ihm zu folgen.

„Bleib doch mal stehen!“

Endlich! Marco bleibt stehen. Er sieht Batu in die Augen. Batu holt Luft und setzt an. Er will Marco endlich erklären, warum er heute in der Pause mit den anderen Fußball gespielt hat.

Aber Marco ist schneller: „Du bist nicht mehr mein Freund!“
„Was? Warum?“, fragt Batu. Er kann es nicht fassen. Wieso sagt Marco so etwas?
„Darum!“, sagt Marco und dann rennt er einfach weg.

Batu ist sprachlos. Er bleibt wie versteinert stehen und sieht Marco wortlos hinterher. Der läuft ohne anzuhalten weiter. Erst ganz weit hinten, an der Ampel, bleibt er stehen und dreht sich um.

Auch wenn Marco gesagt hat, dass er nicht mehr sein Freund ist, tut Marco ihm leid. Batu muss an die Pause heute denken und daran, wie sich Marco gefühlt haben muss.

Keine Freude an nichts

Zuhause stochert Batu in seinem Salat herum. Er hätte jetzt viel lieber Pizza, sein Lieblingsessen. Aber seine Mutter hatte heute Vormittag einen wichtigen Termin und keine Zeit, Pizza zu backen, obwohl sie es versprochen hatte.

Sie mustert Batu ganz genau: „Was ist heute los mit dir, Batu? Ist es wegen der Pizza?“
„Nö, alles gut!“, sagt Batu.
„Aber was hast du dann?“
„Nichts!“
„Bist du traurig?“
„Nein!“

Aber das stimmt nicht. Batu muss an Marco denken. Daran, wie er heute nach der Pause ganz alleine in der Klasse saß und traurig war.

Batu ist verzweifelt. Er muss es hinbekommen, dass Kai mit seinen Gemeinheiten aufhört. Dann werden auch Kais Freunde, Milo, Nils und Tom, aufhören. Und alle anderen auch. Und dann können sie in den Pausen alle zusammen Fußball spielen.

So viele Gedanken

Batu grübelt und grübelt. Er steht auf und kriecht unter sein Bett. Wo ist nur sein Stoffball hin? Er muss sich einfach ablenken, sonst kann er sich heute gar nicht mehr auf die Hausaufgaben konzentrieren.

Da ist er ja. Batu erinnert sich, wie sein Ball vorgestern nach ein paar Schussübungen unter das Bett gerollt ist. Er schiebt seinen Drehstuhl zur Seite. Sein Schreibtisch ist jetzt das Tor. Batu lässt den Ball ein paar Mal auf seinem Knie auf- und abspringen. Schließlich lässt er ihn auf den Boden fallen und schießt ihn mit einem wuchtigen Kick mitten in die leere Stelle zwischen den Tischbeinen. Tooor!

Plötzlich klopft es an der Tür: „Batu? Hast du schon die Hausaufgaben gemacht? Rate mal, was es gleich zum Abendessen gibt?"
„Pizza?"

Da hat sich Batu also doch nicht geirrt. Schon die ganze Zeit über sind ihm leckere Düfte aus der Küche in die Nase gekrochen. Aber er hat sich nicht gedacht, dass seine Mutter heute noch Pizza backen würde.

„Juhu! Ich komme gleich!“

Die Mathehausaufgaben sind heute richtig anstrengend. Aber vielleicht liegt das auch daran, dass ihm Marco nicht aus dem Kopf geht?
Außerdem denkt er an die Einladung von Kai heute in der Schule: „Ihr seid alle am Samstag zu meinem Geburtstag eingeladen!“

Er hat wirklich „alle“ gesagt und alles Wichtige an die Tafel geschrieben. Die Uhrzeit und auch seine Adresse. Dabei hat Kai ihn noch nie eingeladen. Das ist das erste Mal. Ob Kai auch Marco damit meint?

Batu überlegt. Soll er die Einladung annehmen und hingehen? Aber was wird dann Marco denken? Wenn Kai ihn nicht gemeint hat, dann wird Marco richtig beleidigt sein und vielleicht wirklich nicht mehr Batus Freund sein. Batu grübelt und grübelt.

Es klopft noch einmal an seiner Tür. Diesmal ist es Batus Vater: „Batu! Deine Pizza wird kalt!“

Plötzlich hat Batu eine Idee. Ja, das ist es!

Batu ist erleichtert. Er wird zu Kais Geburtstag gehen. Das nimmt er sich fest vor. Aber jetzt wird er erstmal seine Pizza genießen.

Batu denkt die ganze Nacht über seinen Plan nach. Es muss einfach klappen. Er geht in Gedanken jeden Schritt einzeln durch. Er ist richtig aufgeregt. Deswegen kann er einfach nicht einschlafen. Batu wälzt sich hin und her.

Irgendwann schläft er dann doch ein. In seinem Traum findet in der Schule ein großes Fußballturnier statt. Er, Marco und Kai sind in einer Mannschaft. Sie sind ein starkes Team. Batu schießt das Siegertor. Alle jubeln. Marco lacht und klopft Batu auf die Schulter! „Cool! Wir haben gewonnen!"

Kapitel 5

Wenn sie wüssten

„Aufstehen Batu! Bist du immer noch nicht wach? Es ist schon Viertel nach sechs!“ Batus Mutter kommt herein und legt ihm frische Sportsachen auf den Stuhl.
„Ach ja, wir haben heute ja Sport!“, denkt Batu als er die Sachen sieht. Auf einmal fällt ihm sein Traum ein. Und sein Plan! Sofort springt er auf und flitzt ins Badezimmer.

„Langsam, langsam!“ sagt Batus Vater als sie vor dem Bad beinahe zusammenstoßen. „So spät ist es nun auch wieder nicht.“

Seine Mutter schmunzelt und schüttelt den Kopf als Batu hektisch in sein Brötchen beißt und aus lauter Eile fasst seinen Kakao verschüttet. „Du hast es heute aber eilig in die Schule zu kommen, was?“

Sein Vater lacht und zwinkert Batu zu: „Unser Sohn ist eben ein guter Schüler und geht gerne zur Schule, nicht wahr, Batu?“

Wenn seine Eltern wüssten, warum Batu sich heute so beeilt. Aber das erzählt er ihnen lieber nicht. Lieber schnappt er sich seinen Ranzen und reißt die Tür auf. „Tschüss!“

Das ist so gemein

Batu geht so schnell er kann. Manchmal rennt er sogar. Nur an den Ampeln bleibt er stehen. Aber obwohl er heute beinahe verschlafen hätte, kommt er doch früher als sonst auf dem Schulhof an. Kai ist schon da. Das kommt Marco sehr gelegen. Er muss mit ihm reden. Sofort geht er auf ihn zu.

„Hallo Kai! Warte mal."
„Batu! Du kommst doch morgen zu meiner Geburtstagsfeier, oder?"
„Ja!", sagt Batu. „Aber nur, wenn …"
„Nur wenn, was?"
Doch dann kommen Milo, Nils und Tom dazu.

Milo hat Tauschkarten dabei. Er zieht eine heraus und schenkt sie Kai.
„Wow! Danke! Ich habe doch aber erst Morgen Geburtstag."
Alle lachen.

„Oh Mann!“, denkt Batu. Ich muss eine Gelegenheit finden, alleine mit Kai zu sprechen. In dem Moment sieht er Marco am Schultor hereinkommen. Das passt Batu gerade gar nicht. Nach seinem Plan hätte er längst alles mit Kai besprochen haben müssen.

„Hallo Marco“, sagt Batu als er an ihm vorbeigeht. Aber Batu kann Marcos Antwort nicht abwarten, weil Kai ihn am Ärmel zerrt. „Schau mal, Batu“, sagt Kai. Er zeigt ihm die Karte, die er gerade von Milo geschenkt bekommen hat. „Die ist sehr selten. Das ist die einzige, die mir in meiner Sammlung noch gefehlt hat!“
„Hey! Die ist echt toll!“, sagt Batu.

Als er sich wieder zu Marco umdreht, ist er schon weg. „Na gut“, denkt Batu, „dann begrüße ich ihn oben in der Klasse eben noch einmal.“

Als Batu oben im Klassenraum ankommt, hat Marco seinen Ranzen auf Batus Stuhl gestellt. Marco schaut Batu nicht einmal an. Wie man sieht, will er auch nicht mehr, dass Batu neben ihm sitzt. Batu hat auf einmal keine Ahnung, was er tun soll. Der einzige leere Platz in der Klasse ist am Gruppentisch, an dem Kai und seine Freunde sitzen. Batu bleibt nichts anderes übrig als sich zu ihnen zu setzen.

Batu muss immer wieder zu Marco sehen. Ist er sauer oder beleidigt? Oder beides zusammen? Jedenfalls sieht er gar nicht gut aus. Das schlechte Gewissen von gestern kommt wieder in Batu hoch. Ausgerechnet jetzt flüstern Kai und Milo miteinander und lachen.

Als der Deutschlehrer mit dem Unterricht beginnt, hört er es. Marco schluchzt. Oh nein! Er hat den Kopf auf den Tisch gelegt und weint.

„Guck mal, der Marco weint“, ruft Milo auf einmal in den Raum. Sofort wandern alle Blicke zu Marco.
„Wie ein Mädchen!“, hetzt Nils.

Als er das hört, steigt Wut in Batu auf. Gerade als er einschreiten will, hört er Kais Stimme: „Heulsuse!“

Das geht echt zu weit. Als dann alle auch noch lachen, springt Batu auf. Jetzt erst hat es der Lehrer auch bemerkt, dass Marco weint.

„Darf ich mal mit Marco rausgehen?“, fragt Batu den Lehrer, dabei steht er längst neben Marco. Als der Lehrer ihm zunickt, zieht Batu Marco aus dem Klassenzimmer.

„Was ist denn los mit dir?“, fragt Batu.
Aber Marco antwortet nicht. Batu bleibt nichts anderes übrig, als ihm ein Taschentuch zu reichen. Vorsichtig versucht er es noch einmal: „Bist du immer noch nicht mehr mein Freund?“

„Kai ist doch jetzt dein Freund!“, faucht Marco. Batu erschrickt. Langsam erkennt er seinen Freund nicht mehr.
„Na und? Ich kann doch zwei oder drei oder noch mehr Freunde haben! Du doch auch!“

Auch wenn Kai bisher immer gemein zu Marco war, glaubt Batu, dass Kai gar nicht so schlimm ist. Oder? Ach, bestimmt kann Batu Kai überzeugen, aufzuhören.

„Wir können doch alle zusammen Freunde sein!“
„Mit Kai? Siehst du nicht, wie gemein er zu mir ist?“, sagt Marco wütend.
„Kai hat nichts gegen dich!“, behauptet Batu plötzlich.

Okay, Batu hat noch nicht mit Kai reden können. Aber das wird er bei der nächsten Gelegenheit tun. Batu ist sich sicher, dass er es hinbekommen wird.

„Du spinnst!“ Marco kneift die Augen zusammen als er das sagt. Batu hat seinen Freund noch nie so erlebt.
„Ich beweise es dir!“, sagt Batu. „Lass uns morgen zusammen zu Kais Geburtstagsfeier gehen!“

Batu kann nicht glauben, dass er das gerade gesagt hat. Er weiß doch überhaupt noch nicht wie Kai reagieren wird. Auf einmal wird er ganz unruhig.

„Nie im Leben!“ Marco guckt entsetzt.
Jetzt darf Batu auf keinen Fall lockerlassen: „Ich hole dich morgen ab!“, sagt er so bestimmt er kann. Zum Glück schaut im gleichen Moment der Lehrer aus der Tür.
„Alles wieder okay?“, fragt er Marco.

Puh! Wenigstens weint Marco nicht mehr und der Rest der Stunde verläuft normal. Auch wenn Milo und Nils hin und wieder kichern und auf Marco zeigen.

Grübeln über morgen

Als Marco heute nach der Schule wieder nicht auf Batu wartet, folgt Batu ihm nicht. Stattdessen wartet er am Schultor auf Kai. Kai lässt sich Zeit. Hoffentlich hat Batu ihn nicht verpasst. Kais Freunde sind eben schon alle gegangen. Das ist ein Glück, denn sie können die beiden jetzt nicht mehr stören.

Es dauet eine ganze Weile bis Kai kommt. Er ist tatsächlich alleine. Das ist die Gelegenheit.

„Hey, Kai! Ich muss dich mal was fragen."
„Cool", sagt Kai. „Ich wollte dich auch etwas fragen. Du hast mir immer noch nicht gesagt, ob du zu meinem Geburtstag kommst."
„Ja, ähm … genau." Jetzt weiß Batu plötzlich nicht mehr, wie er anfangen soll. „Es, es geht um morgen und äh … um Marco."
Kai verdreht die Augen. „Hab ich mir gedacht", sagt er.

Und dann reden sie den ganzen Weg bis zu Kais Wohnung über Marco und über Kais Geburtstagsfeier. Jetzt weiß Batu auch wo Kai wohnt und wo er morgen hingehen muss. Und er weiß, was sich Kai zum Geburtstag wünscht. Schließlich kennt er Kai fast gar nicht. Außerdem findet er es selbst auch doof, wenn er zum Geburtstag etwas geschenkt bekommt, was er gar nicht mag.

Den ganzen Nachmittag und den ganzen Abend über denkt Batu an den nächsten Tag. Wird alles so laufen, wie er es mit Kai besprochen hat? Wird Kai mitmachen und sein Wort halten? Auch wenn bis jetzt alles doch noch nach Plan gelaufen ist, ist Batu sich nicht sicher. Er ist so aufgeregt. Ob es Marco wirklich so gemeint hat? Ist er wirklich so sauer auf ihn? Vielleicht weigert er sich morgen mitzukommen?

Kapitel 8

Ein Geschenk für Kai

Normalerweise schläft Batu samstags aus. Aber heute ist er schon um 7 Uhr aufgestanden. Bis 12 Uhr sind es noch fünf Stunden. Genug Zeit für Kai und Marco die Meinung zu ändern. Hoffentlich tun sie das nicht. Batu ist richtig zappelig. Selbst sein Stoffball kann ihn heute nicht ablenken. Er schleudert ihn weg, so dass er ganz hinten auf seinem Kleiderschrank landet.

Genau um 11 Uhr 55 drückt Batu die Klingel an Marcos Tür.

„Hallo, Marco!“, sagt Batus Vater. „Bist du schon fertig?“

Marco nickt. Er hat offensichtlich nicht erwartet, dass Batu mit seinem Vater kommt.

Das gehörte zu Batus Plan. Damit Marco nicht im letzten Moment doch noch seine Meinung ändert.

Als Marco endlich bei ihnen im Auto sitzt, atmet Batu erleichtert auf. Sie fahren zusammen zum Buchladen. Batu kauft für Kai ein Buch über die Planeten. Marco weiß nicht, was er Kai schenken soll. Aber Batu hat einen Tipp für ihn: Marco kauft für Kai Tauschkarten über Dinosaurier.

Schön, dass du da bist

Vor der Tür von Kais Wohnung klopft Batus Herz ganz schnell. Was passiert, wenn jetzt die Tür aufgeht? Wird alles gut gehen?

„Hallo Kinder! Kommt herein!“, sagt Kais Mutter als sie die Tür öffnet.

Zum Glück ist es nicht Kai, denkt Batu. Er hat echt Angst vor seiner Reaktion. Fast die ganze Klasse ist schon da. Es fehlen nur noch wenige. Aber das Geburtstagskind ist nirgendswo zu sehen. Wo ist nur Kai? Batu bekommt ein mulmiges Gefühl. Hoffentlich geht alles gut. Auf einmal stürzen Milo, Tom und Nils auf die beiden zu.

„Guck mal, wer da ist!“ Milo zeigt auf Marco. „Was sucht der denn hier?“, fragt Tom in einem fiesen Ton.

Batu kann es nicht fassen. Kai hatte doch versprochen, mit seinen Freunden zu sprechen.

„Die Heulsuse ist da!“ Nils lacht Marco aus.

Oh nein! Was soll Batu jetzt tun? Er wollte Marco doch beweisen, dass Kai nichts gegen ihn hat. Und jetzt das! Marco und Batu sehen sich an.

„Hört auf!“, ruft Batu. „Was soll das?“

Aber dieser blöde Milo denkt nicht daran aufzuhören. Er schubst Marco in Richtung Tür.

„Geh nach Hause!“

Marco stolpert. Sein Geschenk, das er für Kai gekauft hat, fällt auf den Boden. Und dann lachen sie auch noch alle. Jetzt reicht es Batu. Er kann das nicht zulassen: „Hört auf!“

Batu ruft noch einmal so laut er kann. Da kommt Kai. Ob er das mitbekommen hat?

„Hallo, Batu!“, sagt Kai. „Schön, dass du da bist!“

Batu möchte ihm nicht antworten. Er bleibt hier nur, wenn Kai sein Wort hält. Und er bleibt nur, wenn sein Freund Marco auch bleiben kann und ab sofort nicht mehr geärgert wird. Nie wieder. Nur dann. So, wie es ihm Kai versprochen hat.

Batu schaut Kai fest in die Augen, so als wolle er ihn beschwören. Kai muss sich an sein Versprechen erinnern!

Auf einmal sieht Kai zu Marco. Es ist mucksmäuschenstill. Alle warten auf Kais Reaktion.

Marco hebt das Geschenk für Kai auf. Hoffentlich geht Marco jetzt nicht, denkt Batu. Doch plötzlich streckt Kai seine Hand aus.

„Hallo Marco! Schön, dass du gekommen bist!"

Marco gibt Kai das Geschenk.
„Danke, Marco!", sagt Kai.

Batu lächelt. Milo, Nils und Tom gucken doof.

„Kommt, ich zeige euch meine Geschenke!", sagt Kai und geht vor.

Batu atmet erleichtert auf. Er hat es geschafft! Seine Anspannung ist vorbei.

Das Beste ist, dass Kais Familie einen großen Garten hat. Es wird eine tolle Geburtstagsfeier. Niemand wird ausgelacht oder gehänselt. Nach dem Kuchenessen spielen sie noch eine Runde Fußball. Wie neulich auf dem Schulhof. Diesmal macht Marco mit. Und er schießt sogar ein Tor. Aber der Torkönig ist heute Batu.

Weitere Titel der Reihe Lesen mal 2:
Ausflug mit Lama-Drama
Chaos im Museum
Der doppelte Leo

Weitere Infos:
www.klett-sprachen.de/lesenmal2